LIBERTÉ
DE
SUBSTITUER,
POUR
CONSERVER LES BIENS
dans les familes Nobles.

Par M. l'Abbé de SAINT PIERRE.

A PARIS,

Chez GUILLAUME CAVELIER, ruë S. Jacques,
près la Fontaine S. Severin, au Lys d'Or.

M. DCC. XXVII.
AVEC APPROBATION ET PRIVILEGE DU ROY.

EXRRAIT DU PROJET
Pour diminuer les sources des Procèz,
imprimé in 12. chez CAVELIER,
ruë S. Jacques en 1724.

*************************** *****

POUR FAIRE RENDRE
aux six Provinces non substituantes, la liberté de substituer.

PRE'FACE.

IL i a en France vint-
huit Provinces ou Cou-
tumes, dans lesquelles
un pere, une mere, un oncle,
une tante ou autres parens ont
toujours eu le pouvoir & la li-

A ij

berté de conferver par un acte
de fubftitution, tout leur bien
dans leur famille & à leurs def-
cendans durant plus d'un fiecle, malgré les prodigalités &
les foles dépenfes, ou de leurs
enfans ou de leurs neveux.

On ne devineroit jamais que
dans ce même Roïaume, il i a
fix provinces ou Coutumes,
dans lefquelles les Redacteurs
des Coutumes ont, fans i pen-
fer, retrenché il i a plufieurs
fiecles aux peres & aux meres,
aux oncles & aux autres parens
fajes, ce pouvoir falutaire d'empêcher les enfans imprudens &
prodigues de ruiner leur mai-
fon.

On devineroit encore moins
que parmi ces fix Coutumes

on dût trouver la Coutume de Normandie ; cette Coutume que l'on a appellé la *Sage Coutume*, 1°. Parcequ'elle a ôté aux femmes mariées la liberté de se ruiner elles & leurs enfans du vivant de leur mari. 2°. Parce qu'elle a ôté aux peres prodigues la liberté d'aliener tout leur bien , & les a mis dans l'heureuze necessité de conserver au moins le tiers de leur bien à leurs enfans.

Effectivement il est assés étranje, que des Legislateurs assez sajes pour mettre les femmes dans la necessité de conserver leur bien malgré les solicitations & l'autorité d'un mari prodigue, que des Legislateurs assés sages pour pré-

voir la folie de certains peres & pour y remedier en faveur de leurs enfans, aient,
fans i faire reflexion, retrenché aux peres fajes la liberté de
conferver par le moïen de la
fubftitution leur bien à leurs
petits enfans & autres defcen-
dans durant plus d'un fiecle,
malgré les folies, les débauches
& les emportemens de leurs
propres enfans.

Il eft vrai, & il faut conve-
nir en faveur de ces premiers
Redacteurs, que leur intention n'a pas été de retrencher
efectivement aux peres fages
& prévoyans cette liberté d'u-
zer du moïen de la fubftitution pour la confervation de
leur bien dans leur famille ;

mais il eſt vrai cependant que par l'étenduë qu'ils ont doné à certains articles de cette Coutume, & particulierement ſur les Teſtamens, cette liberté ſi déſirable, ce pouvoir ſi ſenſé de conſerver le bien de leurs familles, ſe trouve entierement retrenché.

Or c'eſt à cette inatention de ces premiers Redacteurs, ſi fatale aux familles des ſix malheureuzes Provinces, & ſurtout aux familles Nobles, qu'il s'agit de remedier en rendant à ces ſix Provinces, au moins une partie de la liberté de ſubſtituer que les vint-huit autres Provinces, ou Coutumes ont toujours conſervé.

OBSERVATIONS PRELIMINAIRES.

Dès les premiers tems, dont l'Hiſtoire nous a doné conoiſſance, il étoit établi parmi les Nations policées, que les hommes qui laiſſent des biens en mourant, avoient la liberté d'en diſpoſer en faveur de qui ils jugeoient à propos ; mais il faloit que cette derniere volonté du mort *fut ſuffizamment ateſtée* : & dès que les hommes ont ſçu écrire leur volonté, ils l'ateſtoient, ou la faiſoient atteſter par un écrit que nous apelons Teſtament.

Nous voïons cette liberté de teſter établie en Azie il i a plus de 4000. ans ; elle a été en uzage de tous les tems chez

(9)

les Grecs & chez les Romains
il i a plus de 1800. ans.

Le pouvoir ou *la liberté de
subftituer* aux males nez & à
naître, n'eſt qu'une petite par_
tie de la liberté qu'avoit le Teſ_
tateur de diſpoſer des biens
qu'il laiſſe en mourant.

On peut donc dire, que la
liberté de ſubſtituer ſon bien
aux males nez & à naître, eſt
auſſi anciéne que la liberté de
teſter, & que cette liberté de
teſter des biens de ſa ſucceſſion
eſt auſſi anciéne parmi la plû_
part des Nations que les ſuc_
ceſſions elles-mêmes.

Mais comme les hommes é_
toient ſouvent prévenus de la
mort avant que d'avoir diſpoſé
de leurs biens par teſtament,

il a falu que les Juges, ou plûtôt les Legiſlateurs, ſoit par
des Coutumes non écrites, ſoit
par des Loix Ecrites par auto-
tité publique, ayent ſupléé
au défaut de diſpoſition teſta-
mentaire, & qu'elles ayent
fait des héritiers quand il n'i
avoit point de légataires.

Or, comme la diſpoſition
des peres & des meres étoit *le
plus ordinairement* en faveur de
leurs enfans, & au défaut des
enfans, en faveur de leurs proches parens, & qu'en parité
de degré ces diſpoſitions teſta-
mentaires ordonnoient *le plus
ordinairement* l'égalité dans les
partages, les Loix Coutumieres autorizées depuis par les
Souverains, ou les Loix des Sou-

(II)

verains même diftribuoient &
partajeoient les biens du mort
qui n'avoit point tefté, & les
partajeoient felon les dipofi-
tions les plus ordinaires du co-
mun des Teftateurs, & ç'a été
vrai-femblablement fur ces dif-
pofitions *les plus ordinaires* que
l'on a formé les articles des
Loix Coutumieres, & des Loix
des Souverains fur le partage
des Succeffions.

Et effectivement ces Loix
ordonent que les parens feront
préferés aux aliéz, & entre parens, que les plus proches feront préferés aux plus éloignés
elles ont le plus ordinairement
ordoné partage égal entre les
enfans, & partaje égal entre
les collateraux de même degré,

A vj

lorsqu'il ne se trouvoit point de testament qui en disposât autrement ; c'est pour ainsi dire, l'uzaje le plus commun dans les dispositions testamentaires, qui a guidé ou les Legislateurs ou les Coutumes dans les dispositions sur les les biens des successions sans *testament*, ou comme on dit *ab intestat*. ains

Les noms chez les Rome en étoient hereditaires de mâl de mâle : nous les avons imité puis plus de 500. ans, & comme chacun est porté naturellement à desirer la perpetuité de son nom, nos Legislateurs ont été dans certaines Loix Coutumieres plus favorables aux mâles, qui conservoient le nom de la famille, qu'aux femelles qui ne le conſervoient point.

Au reſte comme on obſer-
va, qu'il ſe trouvoit quelque-
fois des diſpoſitions teſtamen-
taires très-extraordinaires, très-
déraizonnables, & contraires
aux bonnes mœurs, & même
au bien de l'Etat, les Legiſlateurs par leurs Loix comence-
rent à ſupléer à leur tour au
défaut de raiſon & d'équité de
ces Teſtateurs, en bornant leur
pouvoir avec ſageſſe ; de ſorte
que les Loix en fait de ſucceſ-
ſions peuvent être regardées
non ſeulement comme de ſajes
ſuplémens au défaut des teſtamens, mais encore comme de
ſages exceptions à la plus anciene Coùtume, qui laiſſoit
une trop grande liberté au

Chef de famille de diſpoſer à
ſa fantaiſie des biens qu'il de-
voit laiſſer après ſa mort.

Il étoit très-à-propos de reſ-
traindre la liberté du Teſta-
teur, de peur qu'il ne fit des diſpoſitions extravagantes, mais
dans les Provinces Coutumieres, les premiers Redacteurs
de nos Coutumes de Normandie & de Bretagne, & des quatre autres non ſubſtituantes,
qui écrivoient il i a 300. ans,
ſans aucune autorité publique
les Loix Coutumieres de ces
Provinces, firent ſi mal la re-
daction des articles, & ſur-tout
à l'égard des teſtamens, que
ſans i penſer ils ont ôté tout
pouvoir aux peres & aux meres ſages de faire aucune eſ-

pece de fubftitution faje pour
conferver leur bien à leurs enfans, malgré la folie ou l'im-
becilité de cès enfans.

Les Redacteurs fuivans qui
ont redigé ces Coutumes avec
l'autorité Royale ne firent pas
non plus attention qu'il pou-
voit i avoir des fuftitutions très-
fajes, très-avantageuzes &
aux familles nobles & à l'Etat,
& qu'ainfi il étoit à propos de
laiffer du moins à la Nobleffe
la liberté de faire ufage des
fubftitutions fajes.

Mais le Roi par un nouvel
Edit peut facilement fupléer
au défaut d'atention de ceux
qui ont les premiers redigé par
écrit les Coutumes des Provinces non fubftituantes, en

donant aux familles nobles de ces Provinces, ou plûtôt en leur rendant une partie de leur anciene liberté de fubftituer par teftament, & en la leur rendant fous certaines reftrictions fajes, quej la prudence doit dicter au Legiflateur.

Le Roi le peut, puifqu'il eft le feul Legiflateur, & que les Coutumes elles-mêmes n'ont d'autorité que par fa volonté qui les confirme, & l'on va voir qu'il le doit, parce que l'équité d'un côté, & l'utilité de l'Etat & des Particuliers de l'autre le demandent également.

MOTIF DE L'EDIT DESIRE.

Je fçai bien qu'il s'eft trouvé de fubftitutions deraizonnables ; mais alors les Loix font venuës au fecours du défaut de raizon des fubftituans , & ont reftraint & borné les fubftitutions à certaines conditions dans les Peys mêmes où elles font de tout tems en uzaje. J'en ai parlé *dans le projet pour diminuer les fources des Procès*; j'efpete qu'un jour les Loix reftraindront encore un peu le pouvoir exceffif des fubftituans dans les Provinces de Droit E-crit; mais quant à prefent il n'eft queftion que d'un Edit en faveur des Provinces *non fubftituantes*, où il eft à propos de rendre à la nobleffe le pouvoir de fubftituer avec quelques reftrictions , qui d'un cô-té empêchent les Subftituans de s'écarter de la raizon, & qui de l'autre leur done le pouvoir de fuivre la raizon, en confervant du bien à leurs petits-enfans, & arieres petits - enfans.

Je ne propofe donq pas de rien chanjer prefentement pour les Provinces où les fubftitutions font en ufaje; je ne propofe ici que de rendre aux fix Provinces non fuftituantes une partie de la liberté qui a été confervée dans les Provinces où le Droit Romain fert de Loi, & dans celles où il i a toujours eu liberté de fubftituer, & je ne demande même qu'une partie de cette liberté.

1. Je reftrains cette liberté à la Nobleffe.

(19)

2. Je la reſtrains en faveur
de la famille du nom & armes
du Subſtituant, ſans l'étendre
aux familles étranjeres.

3. Je la reſtrains uniquement
en faveur des mâles de cette
famille.

4. Dans ces diſpoſitions en
faveur des mâles, je demande même que le Subſtituant
ſuive les Coutumes des lieux
ſur les Succeſſions pour les
portions qu'il ſubſtituë; c'eſt-
à-dire, que là où la Loi ordon-
ne part inégale & avantaje
pour l'aîné, le Subſtituant ſui-
vra cette inégalité dans la ſubſtitution, afin de ne faire pre-
ſentement d'autres chanjemens
dans les Coutumes que celui
qui eſt abſolument néceſſaire

pour deux poincts importans.

Le premier poinct, c'eſt pour conſerver aux mâles nez ou à naître le bien du Subſti-tuant, malgré les paſſions, la prodigalité, les débauches & les folies de leurs peres.

Le ſecond, c'eſt pour avoir la liberré de favoriſer les mâ-les plus éloignéz, qui conſer-vent le nom de la famille, & pour les préferer aux femelles plus proches, qui ne le conſer-vent pas, ce qui eſt un pen-chant naturel de la Nation.

Vint-huit Provinces où l'anciene liberté de ſubſtituer a été conſervée.

Picardie	Artois.
Flandre Fran-	Champagne.
çoize.	Brie.
Maine.	Iſle de France.
Anjou.	Trois Evêchez.
Bourgogne,	Alſace.
Franche-	Lionois.
Comté.	Provence.
Languedoc.	Rouſſillon.
Bear & Na-	Guyenne.
vare.	Saintonge.
Païs d'Aunis.	Perigord.
Limouſin.	Poitou-
Touraine,	Berry.
Orleanois,	Partie d'Auver-
Dauſiné.	gne.

22)

Six Provinces où la liberté de subſtituer a été ôtée par la mauvaiſe rédaction des Coutumes.

Normandie	Bretagne.
Partie de l'Auvergne.	Bourbonnois.
Nivernois.	La Marche.

EQUITÉ DU REGLEMENT.

Qui a t'il de plus équitable que de rendre aux Gentilshommes des ſix Provinces non ſubſtituantes partie de la liberté dont joüiſſent les Gentilshommes & autres Habitans des vint-huit Provinces ſubſtituantes.

Pourquoi refuzeroit-on aux

Gentilshommes, qui ont leurs biens dans les six Provinces non substituantes, le droit & le moyen de conserver plus long-tems du revenu dans leurs familles, lorsque tous le demandent, & lorsque tous les autres Gentilshommes du reste du Roïaume, joüissent de ce droit ; car ce droit n'est qu'une liberté dont chacun peut uzer selon sa volonté sans aucun assujettissement à faire aucune substitution.

Il y a plus, c'est que tels Gentilshommes joüissent de cette liberté pour les biens qu'ils possedent dans ces vint-huit Provinces, & n'en joüissent pas pour les biens qu'ils ont en Normandie & en Bre-

tagne & dans les quatre autres Provinces : or pourquoi
leur lier les mains pour les uns,
tandis qu'ils ont pleine liberté
à l'égard des autres, fur tout
lorſqu'ils ne ſauroient emploïer
cette liberté que pour l'avantage particulier de leurs Mai-
ſons & pour le bien general de
l'Etat.

Il i a une raizons d'équité
de doner à la Nobleſſe d'une
Province les mêmes privileges
ou plutôt la même liberté dont
joüit la Nobleſſe d'une autre
Province, lorſqu'il n'i a point
de raizon pour traiter plus mal
la Nobleſſe de Normandie &
de Bretagne, que la Nobleſſe
de Guienne ou de Languedoc,
& lorſqu'il n'en coûte rien au
Roi

Roi ni à aucune Province : or
la raizon d'équité n'eſt-elle pas
toujours une raiſon ſufiſante
pour déterminer un Prince
équitable?

AVANTAGES POUR L'ETAT.

Cette liberté de ſubſtituer
augmenteroit conſiderable-
ment le comerce maritime
dans pluſieurs des Provinces
où elle ſeroit mize en uzàje.

On comprendra facilement,
que cet éfet doit ſuivre des
ſubſtitutions, ſi l'on ſonge, que
plus il ſera dificile aux riches
Marchands de Normandie &
de Bretagne d'y trouver des
terres à acheter, plus les terres
s'y vendront cher; car c'eſt la

B

rareté des terres à vendre qui en porte naturellement le prix plus haut.

Or si les terres de la No-blesse de ces deux Provinces se trouvent communément substituées & hors de comerce, il est évident que les terres li-bres ou vendables en seront beaucoup plus rares , & par conséquent le prix de l'achat beaucoup plus haut : or l'on fçait que la Noblesse de Bre-tagne & de Normandie pos-sede plus de la moitié des ter-res de ces Provinces.

Les terres à vendre font ra-res dans le Comtat & en Pro-vence , à cause des substitu-tions qui i font frequentes, c'est pour cela que lorsque les

terres se vendoient en Normandie au denier 20. ou 25.
elles se vendoient dans ce païs-
là au denier 40. ou 50.

Un Marchand sera long-
tems détourné d'acheter une
terre de 1000. liv. de rente par
50000. liv. lorsqu'il verra que
cette somme de 50000. l. laiſ-
sée en comerce , lui raporte
anée comune jointe à ses soins
& à son travail, au moins 5. ou
6000. liv. par an , au lieu que
mise en terre, elle ne lui en ra-
porteroit que 1000.

Or si moins de Négocians
Marchands achetent des terres, il restera beaucoup plus
d'argent dans le comerce & de
Marchands dans la Marchan-
dise ; or, n'est-il pas visible à

(28)

l'égard de l'Etat, qu'il vaut mieux que 50000. liv. raportent 5. ou 6000. liv. de revenu aux Sujets, en continuant de faire uzaje de leur travail & de leur induſtrie, que de ne leur raporter que 1000. livres dans la faineantiſe, en diſcontinuant leurs ſoins & leur travail, & en ceſſant de faire uzaje de leurs lumieres & de leur aplication.

D'un autre côté, ſi la terre de 1000. liv. de rente, ſe vend comunément 50000. l. le Gentilhomme ſera détourné de l'acheter; il aimera mieux prêter ſon argent au Commerſant, ſans aliener le capital, & cela augmentera encore le commerce.

Dé-là il suit , que plus les terres font cheres , plus il refte-ra d'argent dans le comerce, & moins il i aura de faineans & de pareffeux dans le Roïau-me ; donq les fubftitutions pro-duiront néceffairement l'aug-mentation du comerce, & par confequent l'augmentation du travail & de l'induftrie des Su-jets , & par confequent l'aug-mentation des forces & des revenus de l'Etat.

On peut m'objecter , que fi mon raizonnement eft folide, il feroit auffi utile à l'Etat de doner la liberté de la fubfti-tution aux non Nobles ; mais on peut répondre qu'il faut des bornes à tout, & que comme il i a dans le Roïaume beaucoup de perfonnes capables de s'emploïer utilement dans le comerce, il y en a plufieurs aufli, qui par leur âge, leurs infirmités, leur fexe, leur incapacité & leur éloignement des ports, ne pouroient pas i réuffir, & qu'ainfi il eft bon qu'il i ait des rentes hypoteques, & des biens qu'ils puiffent acheter, & d'ailleurs l'Etat ne doit pas les mêmes égards & les mêmes diftinctions aux familles roturieres, qu'aux familles Nobles qui l'ont mieux fervi, & qui le fervent mieux, ou dans la Magiftrature, ou dans les Troupes deftinées à la feureté de l'Etat.

2°. Outre cette raizon d'augmentation de commerce, il i

en a une seconde ; c'est l'augmentation de la valeur annuelle des fonds de terre, ce
qui est un objet considerable
pour l'Etat.

Un pere dans une Province
où il n'a pas la liberté de conserver son bien à sa posterité,
voit son fils disposé à dissiper
son patrimoine, il perd la ré-
solution de bâtir une Métairie,
un Moulin, qu'il auroit bâti,
il ne fait pas un défrichement
de bois, un dessechement de
marais qu'il auroit fait ; il ne
plante point d'arbres fruitiers,
ni d'autres arbres qu'il auroit
planté, & qui augmenteroient
considerablement la valeur annuelle de sa terre ; il néglige
beaucoup d'augmentations im-

portantes, parce qu'il prévoit
que ce feroit un étranger qui
profiteroit de fon travail, de
fes dépenfes & de fes peines,
& que fes petits-enfans même
n'en joüiroient pas.

Au lieu que s'il étoit feur
que fes petits-enfans, & que
fes parens de fon même nom
& armes en duffent profiter,
malgré le mauvais ménage &
les folies de fon fils, il travail-
leroit avec couraje à augmenter la valeur annuelle de fa
terre, & y feroit des dépenfes
qu'il n'i fait pas : or ce qui augmente le revenu des particuliers, n'augmente-t'il pas les
revenus de l'Etat, qui n'eft que
l'affemblage de ces mêmes particuliers.

3°. Il i a une troiziéme raizon c'eſt qu'il eſt de l'interêt
de l'Etat, que les familles mul-
tiplient par le mariage : or l'on
ſçait, que des Gentilshommes,
qui ont peu de bien, ne ſe ma-
rieroient point, s'ils ne regat-
doient des ſubſtitutions comme prochaines, c'eſt qu'alors
ils trouvent beaucoup plus de
facilité à ſe marier à des filles
riches, ſeurs que leurs enfans
auront du bien.

Or un Edit, qui procureroit
l'augmentation du comerce,
l'augmentation du revenu des
terres, la multiplication des Su-
jets Nobles, ne ſeroit_il pas
très-utile à l'Etat ?

Ces conſiderations me font
même eſperer que le Roi par

un Edit donnera un jour pouvoir à chaque inſtitué ou ſub-
ſtitué de prolonger par ſon
teſtament la ſubſtitution d'un
degré, ce ſera plûtôt une adi-
tion qu'une contravention à
l'Edit, qui a borné le tems des
ſubſtitutions à certains nom-
bres de degrez ; car plus les
ſubſtitutions ſont durables,
plus elles ſont utiles aux familles & à l Etat.

AVANTAGES POUR LES FAMILLES NOBLES.

1°. Perſonne ne diſconvient
que ce ne ſoit un grand avantaje pour les Familles Nobles
d'avoir un moyen de conſerver long tems leur bien à leur

posterité, & au défaut de posterité à leurs parens de leur
nom ; or, cependant cette conservation ne peut être de lon-
gue durée, si les enfans qui sont
ou imbeciles ou joüeurs, ou
débauchez, ou prodigues par
vanité, ne font pas dans l'im-
puiſſance de vendre & d'engajer le patrimoine que leurs
ancètres leur ont acquis avec
beaucoup de tems & de peines,
& si les biens de la Famille paſ-
ſent néceſſairement dans des
familles étranjeres, malgré la
volonté de ceux qui ne laiſſant
point d'enfans voudroient cependant conſerver leur bien
aux mâles de leur même famille, & les préferer aux femelles ou aux deſcendans des

B vj

femelles , qui ne conservent point le nom , & que la Coutume prefere cependant comme parentes , plus proches , au préjudice des mâles parens plus éloignez , mais qui conservent le nom.

2°. La Loi que je propose n'est pas une obligation de substituer ; ainsi l'oncle , qui aime mieux les descendans de ses niéces que les enfans mâles de son nom plus éloignez peut conserver tout son bien aux descendans de ses niéces , mais un autre oncle , ou grand oncle , qui aimera mieux conserver du bien à un parent de même nom que lui , quoique plu éloigné de sa succession , sera fort aize d'avoir un pareil

pouvoir : or, peut-on douter,
que ce ne foit faire un grand
plaifir à la Nobleffe de Normandie & de Bretagne & des
quatre autres Provinces, que
de lui rendre fur cet article fon
ancien pouvoir.

3°. Il eft évident, que c'eft
un avantaje pour les Familles
Nobles, qui poffedent des terres non fubftituées, de voir
augmenter du double le capital de leurs terres, & de voir
qu'une terre qu'un Gentilhomme n'auroit pû vendre que dif-
ficilement au denier vint ou
vint-cinq pour païer fes detres,
il la vendra facilement au denier 40. ou 50. Or, n'eft-ce
pas l'effet avantageux pour la
Nobleffe endettée, que pro-

duira le nouvel Edit des Subftitutions ?

Il eft impoffible que le Confeil ne voie dans cette propo-
fition beaucoup d'équité pour
traiter la Nobleffe des fix Provinces non-fubftituantes auffi
favorablement que la Nobleffe
des vint-huit autres Provinces :
il eft impoffible qu'il n'i voie
beaucoup d'utilité pour la confervation des biens dans les familles Nobles, & un avantage
confiderable pour l'Etat ; ainfi
il eft impoffible que le Confeil
ne fe détermine à accorder
l'Edit demandé. En voici un
Projet.

PROJET DE L'EDIT:
Pour rendre à certaines Provinces la liberté de substituer.

LOUIS, &c. A tous presens & à venir, &c. Etant informé que la liberté qui subsiste dans la plus grande partie des Provinces de notre obéissance de substituer leurs biens immeubles, est très-utile, surtout aux Familles Nobles pour conserver leurs biens à leur posterité, malgré la prodigalité de certains Chefs de famille, plus propres à dissiper leurs biens qu'à les conserver, & après avoir consideré d'un côté, que cette liberté lorsqu'elle

a des bornes ſajes , ne peut être
que très-avantajeuze au comerce & au bien de l'Etat, &
de l'autre, qu'il étoit équitable de traiter la Nobleſſe de
nos Provinces , de Normandie , de Bretagne & autres ,
auſſi favorablement que celles où cète liberté eſt établie de tous les tems , nous
avons reſolu de rendre aux
Gentilshommes de nos Pro-
vinces , où les ſubſtitutions ne
ſont point permiſes , le pouvoir & la liberté de ſubſtituer,
mais neanmoins aux condi-
tions & reſtrictions ci-après ſpe-
cifiées. A CES CAUSES, &c.
avons par le preſent Edit ſta-
tué & ordonné , ſtatuons & or-
donnons, voulons & nous plaît
ce qui ſuit.

ARTICLE PREMIER.

Toute perſonne Noble capable de diſpoſer de ſon bien dans les Provinces où les ſubſtitutions ne ſont point permiſes, aura deſormais & de ce jour la liberté de ſubſtituer ſes immeubles, dans quelques Provinces qu'ils ſoient ſitués, & en quelque lieu qu'il faſſe ſon domicile; pourvû néanmoins que ce ſoit ſeulement en faveur des mâles de la famille, nez ou à naître portant le même nom & armes que lui.

ECLAIRCISSEMENT.

1°. La liberté de ſubſtituer peut être reſtrainte aux familles Nobles, je ne propoſe pourtant pas cette reſtriction pour

(42)

les Provinces où la liberté de ſubſtituer eſt étenduë aux familles non nobles, les établiſſemens pour être plus faciles à executer doivent ſe faire peu à peu, & par conſéquent embraſſer moins de changemens qu'il eſt poſſible dans les comencemens.

2°. La ſubſtitution n'eſt deſirée pour la Nobleſſe des ſix Provinces non ſubſtituantes, que pour conſerver le bien dans chaque famille Noble; ainſi il ſuffit que la Loi permette la ſubſtitution en faveur de la famille du Subſtituant, tant qu'il i aura des mâles dans cette famille.

3°. Les Coutumes des ſix Provinces non ſubſtituantes

auſquelles la nouvelle Loi dé-
roge, ſont celles dont les Redacteurs en confondant im-
prudemment les ſubſtitutions
ſages avec les ſubſtitutions
foles & inſenſées, les avoient
toutes également condamnées
& défenduës.

La Loi de ſubſtitution n'ôte
rien au fils ſaje & moderé, qui
deſirant de conſerver ſon patrimoine à ſes enfans eſt fort
éloigné de vouloir ni le vendre ni l'engager ; mais elle
ôte au fils inſenſé & emporté,
à l'ivrogne, au joüeur, au dé-
bauché, le pouvoir de nuire à
ſes deſcendans ſajes & aux autres mâles de ſa famille, & leur
conſerve du bien malgré les
folies & les excès des mauvais
Chefs de familles.

Or, n'eſt-ce pas l'ofice du
ſaje Légiſlateur de diminuer
tous les jours par de bons Reglemens, les maux que les paſſions & les differentes eſpeces
de folies cauſent ordinairement parmi les hommes, ſur-
tout dans l'âje des illuſions.

5°. On m'a objecté que les
Emplois de Capitaine, & ſur-
tout les emplois de Colonels
ſe vendoient, & que pour avan-
cer aux grades élevés, il faloit
acheter, non avec des ſervices
longs & diſtingués, mais avec
de l'argent : or ni un ainé, ni
un cadet, qui ne peuvent rien
vendre ni engajer de leur patrimoine, ne pourront acheter
d'emplois. Je répons, que la
facilité que l'on a eu de per-

mettre de vendre les emplois
sur tout ceux de guerre, n'est
qu'un abus passajer, très-con-
traire au bien de l'Etat , &
qu'ainsi il i a apparence qu'il
ne subsistera pas, & d'ailleurs
le principal point est la durée
& la conservation du bien des
Maisons Nobles,

A R T I C L E I I.

Le Substituant dans la dis-
position de ses biens, ne pourra
les substituer qu'en faveur du
mâle ou des mâles de son nom,
nez ou à naître, à commencer
par ceux qui auroient herité de
lui, s'il n'eût point fait de sub-
stitution, & même la substitu-
tion ne pourra être faite en fa-
veur dudit mâle ou desdits mâ-

les, que pour la portion defdits biens qui leur auroit appartenu par la Coutume du Païs, s'il n'i avoit point eu de fubftitution.

Les femmes ne pourront fub-ftituer qu'en faveur de leur pof-terité, mais les hommes pourront fubftituer en faveur de parens mâles de leur nom, en gardant la priorité de branche *et)* la priorité d'aineffe dans la même bran-che, le tout au préjudice des filles parentes plus proches du Subfti-tuant.

ECLAIRCISSEMENT.

1°. Dans les Provinces où les fubftitutions font en uzaje, ~~les Subftituans~~ ont un pouvoir trop étendu ; car ils peuvent doner prefque tout à un fils,

au grand préjudice des autres,
à un neveu, à un cousin , &
même à un étranjer au préjudice des neveux & des cousins,
& souvent le Substituant abuze
de son pouvoir , en faisant
des dispositions blâmées de
tout le monde ; or, comme
d'un côté l'égalité dans le partage entre enfans ou parens de
même degré , est le parti le
plus équitable pour le Particulier, & le plus avantajeux pour
l'Etat, & que de l'autre les Loix
Coutumieres ordonnent pres-
que toutes l'égalité dans le partaje, il paroit raizonnable de
prescrire des bornes au pouvoir du Substituant dans les
Provinces non substituantes,
& de les prescrire suivant la

(48)

Loi du Païs, où les biens font fituez, en attendant que la Loi des Subftitutions foit devenuë uniforme pour toutes les Provinces.

2°. La liberté de fubftituer que demande la Nobleffe des fix Provinces non fubftituantes, n'a pas pour but de rien changer à la Loi des fucceffions des mâles du nom du Subftituant, mais feulement d'affurer ces fucceffions par la fubftitution à une pofterité éloignée, des fubftituans, malgré le defordre de la conduite de leurs propres enfans. Le fecond but eft de pouvoir affurer leur bien aux mâles de leur nom plus éloignés au préjudice des femelles plus proches.

ARTICLE

ARTICLE III.

Dans les cas qui ne font point reglez par le préfent Edit concernant les fubftitutions, les Parlemens des Provinces, pour lefquelles eft fait cet Edit, fe conformeront dans leurs Jugemens à la Jurifprudence dont ufe notre Parlement de Paris à l'égard des biens fubftituez dans fon Reffort.

A l'égard de la forme de la fubftitution foit par Contrat de mariage, foit par Teftament ou autre Acte, le Subftituant fe conformera à la Coutume de la Prevôté de Paris, dérogeant à cet égard à toutes Coutumes, Loix & Ordonnances à ce contraires, déclarant au furplus n'avoir pré-

tendu rien innover par cet Edit aux Loix & Coutumes des Substitutions des Provinces, où elles sont de tout tems permizes. & en uzaje.

ECLAIRCISSEMENT.

Cet Edit que demandent les Provinces non substituantes, n'est pour ainsi dire, qu'un Edit provisoire, parce que comme il i a plusieurs cas qui concernent les substitutions, qui se jugent diversement dans differens Parlemens, il i a apparence que le Roi rendra un jour des décisions qui seront uniformes dans toutes les Provinces substituantes.

Les Comentateurs de la Cou-

(51)

tume de Normandie, qui ont
vû combien il étoit fâcheux
pour un Pere bon économe,
de laiſſer à un fils diſſipateur
la liberté de vendre & d'aliener le bien qu'il doit lui laiſſer en mourant, ont tous dé-
ſiré que ce malheureux pere
eût la liberté de ſubſtituer la
proprieté de tout ſon bien, &
de n'en laiſſer que l'uzufruit à
ſon fils ; mais juſqu'ici les Comentateurs & tous les Sei-
gneurs Normans & Bretons,
qui ont eu le plus de prudence, ont deſiré inutilement cette
liberté d'aſſurer leur bien à leur
poſterité : on peut vóir ce qu'a
écrit Béraud ſur ce ſujet, dans
ſon Commentaire ſur l'article
431. de la Coutume de Nor-

mandie. Voici ce que Bana-
ge, le dernier Comentateur de
cette Coutume, a écrit à ce
sujet sur l'article 235.

*Il est de l'interêt publiq de
donner toute autorité à la dispo-
sition d'un Pere, qui désire conserver ses biens dans sa famille,
& qui veut prévenir la perte de
ses enfans, & rien n'est plus con-
forme à la veritable intention de
la Coutume.*

*Sur ce principe l'on peut dire
que ce ne seroit pas s'écarter du
sens de la Loi, en permettant aux
peres qui ont le malheur d'avoir
des enfans débauchés, de leur lais-
ser seulement l'uzufruit de leurs
portions hereditaires, pour en
conserver la proprieté à leurs
petits-enfans.*

OBJECTION.

Je conviens de l'utilité de la subſtitution, ſoit par raport à l'Etat, à cauſe de l'augmentation du comerce, ſoit par raport aux familles Nobles qui dureront plus long-tems, & avec un revenu plus proportionné à leur naiſſance, & plus convenable pour donner une meilleure éducation aux enfans.

Mais il i a un inconvenient, c'eſt que cette nouvelle loi pour les Provinces *non ſubſtituantes*, i ſera une nouvelle ſource de procès, tant pour la validité des ſubſtitutions, que pour la diſtinction des biens ſubſtitués. Il faudroit donc examiner ſi

les avantages font plus grands
que l'inconvenient.

RÉPONSE.

1°. Ce qui caufe les procès,
ce ne font pas les Loix fages
lorfquelles font bien faites ,
ce font les biens dont la pof-
feffion n'eft pas fuffizamment
bien reglée par des Loix mal-
faites qui ne décident ni affez
de cas, ni affez clairement ; car
d'un côté, là où il n'y a point
de biens poffedés , là il n'y a
point de procès, & de l'autre,
là où il i a des biens à poffe-
der, mais où il i a en même
tems *des Loix claires* pour tous
les cas, il n'i a point non plus
de procès fur le droit de pof-
feder.

(55)

Or, dans le cas préſent, il n'i a point de nouveaux biens à poſſeder ; ce ne ſont que les mêmes biens rendus plus durables dans les familles.

2°. On voit bien dans le Parlement de Paris que les procès arivent pour des biens ſubſtitués, mais on ne voit pas combien ces mêmes biens euſſent produit d'autres eſpeces de procès, s'ils n'euſſent pas été ſubſtitués.

3°. Il eſt certain que ſi l'interdiction d'aliener cinq mille arpens de terroir, où une Paroiſſe d'une lieuë quarrée, duroit 300. ans, il n'i auroit point de procès durant ces 300. ans *pour les ventes* & reventes, ou volontaires ou forcées par De-

cret, ni *pour les lods* & ventes,
pour les donations à des étran-
gers, ni pour les *retraits*, &c.
Or, ce font toûjours diverſes
ſources de procès de moins ;
ainſi, loin que la ſubſtitution
qui interdit l'alienation de ces
5000. arpens, augmente le
nombre des procès, il eſt im-
poſſible qu'elle n'en diminuë
beaucoup le nombre.

Donq, loin qu'il i ait aucun
inconvenient à craindre de la
liberté de ſubſtituer ſur l'augmentation du nombre des pro-
cez, il i a au contraire un
grand avantaje à en eſperer ſur
la diminution de leur nombre.

Les Provinces ſubſtituantes
ne ſe plaignent point que les
ſubſtitutions augmentent le

(56)

nombre des procès ; & effectivement, s'il n'i avoit point
de biens fubftituez, il i auroit
d'autres efpeces de procès pour
les decrets, pour les fucceffions, pour les ventes, pour
les retraits, pour les échanges,
pour. les donations, pour les
partajes de ces mêmes biens
non fubftituez : or, que demandent les Provinces non
fubftituantes, d'être traitées
comme les fubftituantes ?

APPROBATION.

J'Ai lû par ordre de Monfeigneur le Garde des
Sceaux, l'Ecrit intitulé *Extrait du Projet pour
diminuer les fources des Procès, &c.* & je n'y ai
rien trouvé qui en doive empêcher l'Impreffion.
Fait à Paris ce 7. Juillet 1727.

D E S A C Y.

PRIVILEGE DU ROI.

LOUIS, par la grace de Dieu, Roi de France &
de Navarre, à nos amez & feaux Conseillers, les
gens tenans nos Cours de Parlement, Maîtres des
Requêtes ordinaires de nôtre Hôtel, Grand Conseil,
Prevôt de Paris, Balilifs, Senechaux, leurs Lieute-
nans Civils & autres nos Justiciers qu'il appartien-
dra, Salut : nôtre bien amé le sieur CHARLES JUNE'T
DE CASTEL, nous ayant fait remontrer qu'il souhai-
teroit faire imprimer & donner ou public, un *Me-*
moire pour diminuer le nombre des procès, sur l'éta-
blissement d'un Bureau perpetuel destiné à perfection-
ner perpetuellement le Droit François pour diminuer
très-considerablement le grand nombre de procès, s'il
Nous plaisoit lui accorder nos Lettres de Privilege
sur ce nécessaires : A ces causes voulant traiter favorablement ledit sieur Exposant, Nous ui avons
permis & permettons par ces Presentes, de faire imprimer ledit livre en tels volumes, forme, marge, ca-
ractere, conjointement ou separément, & autant de
fois que bon lui semblera, & de le vendre, faire vendre & débiter par tout notre Royaume, pendant le
tems de six années consecutives, à compter du jour
de la datte desdites Presentes. Faisons défense à toutes sortes de personnes de quelque qualité & condi-
tion qu'elles soient, d'introduire d'impression étran-
gere dans aucun lieu de notre obéissance, comme
aussi à tous Libraires, Imprimeurs & autres, d'imprimer, faire imprimer, vendre, faire vendre, débiter,
ni contrefaire, ledit Livre en tout ni en partie, ni
d'en faire aucuns extraits, sous quelque pretexte
que ce soit d'augmentation, correction, changer-
ment de titre ou autrement, sans la permission ex-
presse & par écrit dudit Exposant, ou de ceux qui auront droit de lui, à peine de confiscation des exem-

plaires contrefaits, de quinze cens livres d'amende
contre chacun des contrevenans, dont un tiers à
Nous, un tiers à l'Hôtel-Dieu de Paris, l'autre tiers
audit Exposant, & de tous dépens, dommages & in-
terêts: A la charge que ces Présentes seront enregis-
trées tout au long sur le Registre de la Communauté
des Libraires & Imprimeurs de Paris, & ce dans trois
mois de la datte d'icelles; que l'impression de ce Livres sera faite dans notre Royaume & non ailleurs,
en bon papier & en beaux caracteres, conformément
aux Reglemens de la Librairie; & qu'avant que de
l'exposer en vente, le manuscrit ou imprimé qui
aura servi de copie à l'impression dudit Livre, sera
remis dans le même état où l'Approbation aura été
données, ès mains de notre cher & feal Chevalier
Garde des Sceaux de France, le sieur FLEURIAU
D'ARMENONVILLE, Commandeur de nos Or-
dres; le tout à peine de nullité des Présentes, du
conteun desquelles vous mandons & enjoignons de
faire jouir l'Exposant, ou ses ayans cause, pleine-
ment & paisiblement, sans souffrir qu'il lui soit
fait aucun trouble ou empêchement; Voulons que
la copie desdites Présentes, qui sera imprimée tout
au long au commencement ou à la fin dudit Livre,
soit tenuë pour dûëment signifiée, & qu'aux copies
collationnées par l'un de nos amez & feaux Conseillers & Secretaires, foi soit ajoutée comme à
l'Original. Commandons au premier notre Huissier
ou Sergent, de faire pour l'execution d'icelles tous
Actes requis & necessaires, sans demander autre
permission, & nonobstant clameur de Haro, Charte
Normande & Lettres à ce contraires. Car tel est notre
plaisir. Donné à Paris le 4. jour du mois de Juillet,
l'an de grace mil sept cens vingt-quarre, & de notre Regne le neuviéme. Par le Roi en son Conseil.

DE SAINT HILAIRE.

150

*Registré sur le Registre VI. de la Chambre Royale
& Syndicale des Libraires & Imprimeurs de Paris,
N. 17 Fol. 21. conformément au Reglement de 1723.
qui fait défenses Art. IV. à toutes personnes de quelque qualité qu'elles soient, autres que les Libraires &
Imprimeurs de vendre, débiter, & faire afficher aucuns Livres pour les vendre en leurs noms, soit qu'ils
s'en disent les auteurs ou autrement, & à la charge
de fournir les exemplaires prescrits par l'Article
CVIII. du même Reglement. A Paris, le 18. Juillet
1714.* BRUNET, *Syndic.*

J'ai cedé au sieur Cavelier fils, Libraire à Paris,
le Privilege ci-dessus, suivant les conditions faites
entre nous. A Paris le 16. Août 1724.

L'Abbé DE SAINT PIERRE.